AF599713

Estiaje

Este libro ha sido impreso con papel 100% reciclado.

lasturaediciones.com / info@lasturaediciones.com

Colección Alcalima, n.º 251
Dirige la colección: Isabel Miguel

Editado en Madrid, España.

Primera edición: julio, 2025

Depósito Legal: M-15722-2025
ISBN: 979-13-990447-6-8

Impreso en Antequera, Málaga (España)

Jesús Gaspar Alcubilla

ESTIAJE

Colección Alcalima de Poesía n.º 251

Prólogo

César Ibáñez París

Jesús Gaspar Alcubilla, autor soriano de ya larga trayectoria, nos presenta una nueva colección de poemas: *Estiaje*. El tiempo del estiaje es el tiempo de la sequía, cuando los ríos y manantiales tienen su mínimo caudal. En el caso de estos poemas de Jesús, ese caudal mínimo tiene que ver con lo que hubo y ya no hay, aguas metafóricas irrecuperables; es decir, el "se canta lo que se pierde" machadiano. En este sentido, dos pérdidas fundamentales se entrelazan y complementan en el poemario, la de la infancia y la del amor. Por un lado, "la nieve ha borrado esta noche de aire / las huellas enormes de la infancia"; por otro, ese tú de los "dulces gajos de amapola" y "del joven país de las orquídeas" desaparece, se diluye en el tiempo, se va borrando hasta un final de nadas, silencios e "infinito cansancio".

No estamos, pues, ante una poesía celebratoria, sino elegiaca; poesía de la memoria dolorida, de lo que fue y no es. Pero la belleza sí es, cómo no, poéticamente posible: está en el recuerdo intenso de lo vivido (y también, por qué no, de lo soñado) y en la palabra indagadora que la busca, la asedia, la persigue y la encuentra.

Es la belleza de un lenguaje preciso, dúctil y musical, las palabras selectas que, aunque haya sutiles hilos narrativos en su suma y composición, son ante todo sugerentes. El lector debe poner de su parte para hacerlas suyas y disfrutarlas. Hay aposiciones sorprendentes ("muchachos peciolos"), sinestesias ("dulces secretos"), adjetivos esperables y tradicionales junto a otros no tanto ("cabellos tristes", "geométricos contornos"), símiles delicados (la nieve "se funde lentamente como en la brisa el ave", "me esperas como a viento o racimo"), imágenes chocantes y hermosas a la par ("la tarde ascendía con sus grifos abiertos", "fugaces caballos galopan sus besos", "centurias relucientes de galápagos"), etc.

En este viaje entre la infancia, el amor y la pérdida inexorable de ambos, destaca, asimismo, la selección léxica. Por una parte, el pesimismo emotivo del tema de lo irrecuperable se refleja en la repetición de prefijos negativos (inexistente, invisible, desatendidos, imperfección, incertidumbre, insondables, inhabitados...); por otra, el vocabulario concreto que acompaña al mundo de imágenes, eminentemente visuales, de los poemas y a la cadencia, a ratos delicada y a ratos solemne, de los versos, remite a elementos de la naturaleza y a una paleta reducida de colores. En relación con esto último, un mundo de sombras insistentes y oscuridad contrasta con destellos azules, el blanco de la nieve, soleados jardines, una vaca bermeja, bocas pintadas, hojas verdes, plumas y flores y pájaros y barbacanas tercamente azules, tierra roja o negra y esa "boca color de carmín" que la amada, real en la memoria o en el sueño, ha de tener.

Los elementos de la naturaleza que aparecen en los poemas ofrecen al lector un asidero visual concreto, un mundo de referencias que suma belleza y campo, vida y memoria. Abundan los seres del mundo vegetal: los pinos, los fresnos, los jardines y frondas, las hojas, la fruta, las flores: margaritas, jazmines, la rosa abierta, orquídeas, flor de acacia y unos casi comestibles "gajos de amapola". También hay robles, cerezas y cebada, y pétalos y espliego. Y en el límite entre lo vegetal y lo animal, "las ubres del cerezo". El toque exótico, tan del gusto del autor, viene aquí dado por el huizapol y las araucarias.

No abundan menos los animales, empezando por las aves (pájaros, cigüeñas, alcaravanes, águilas, malvises, y hasta un papagayo de plumas azules) y sin olvidar el viejo símbolo protector del nido, aquí roto por la fatalidad que acecha al yo poético y que no le permite el refugio ni el descanso. El nido-infancia es arrastrado por las aguas del tiempo:

Las águilas hacen su nido en el dique,
pero el agua se lleva el nido y también al niño
lo empuja por la catarata hacia otros países
que solo existen en mi corazón.

Cerca ya del final del poemario hay un momento de esperanza, de posibilidad de dicha gracias al poder vital y regenerador del amor:

Aún queda amor en nosotros.
Aún se abre el corazón para los otros,
para reír con ellos y, si es preciso, ser triste con ellos.

Pero esa opción, por real que sea, no basta para contrarrestar el poder destructor de la pérdida: "...en este lugar no hay nada, ni siquiera el silencio hiende la tarde".

Si en *Herreros. Intrahistoria. 1930-1950* Jesús salva la memoria colectiva de su pueblo gracias a la palabra escrita, en *Estiaje* esa misma palabra, si bien de más alto vuelo poético que en el libro testimonial, salva la memoria personal, herida, dolorosa, de lo irrecuperable: la cálida y lejana infancia y el vuelo grácil, con sus alas y con sus pétalos, de un amor desvanecido.

Estiaje

Son como la sombra nuestros días sobre la tierra, y no dan espera.

1 PARALIPÓMENOS 29, 15

BELLOS SON LOS CAMINOS DE HAKAURE

La nieve ha ido borrando las huellas en la arena.
Han quedado blancas las orillas del lago, los cerros y los pinos.
El viento revuelve la nieve entre los cerros.
Durante la noche las playas brillan ausentes hasta los últimos confines,
secretas y distantes. Escépticos, mis ojos han contemplado el último paisaje.
…Y, en la lejanía, los ojos lloran, amargos, su belleza, su belleza distante.
Alguien me enseña con sus manos mi mundo cubierto por la nieve.
Ignoro ahora el camino de regreso al origen,
a las tierras remotas de las que vengo.
En el país del sueño la nieve ha borrado esta noche de aire
las huellas enormes de la infancia.

El mundo se extingue prematuramente.
Una cadena de hombres, mujeres y niños bordeamos
el costado de una gran montaña.
Atrapados por la nieve, se ven abajo los últimos molinos.
Detrás nos espera el paisaje de la nada,
la nada inexistente y los huecos oscuros de la noche.
Pero he de rescatar al niño rezagado
que no perdió de vista los últimos molinos.

Se funde la nieve en las alacenas y estantes del pasado.
Se funde lentamente como en la brisa el ave.
Recónditos parajes afloran al espacio vacío.
Cuelgan de un lejano nido
los tibios lugares de la infancia, pero no puedo
[tocarlos.
Una nube parece empujarlos a la niebla,
y en mis ojos los dedos, los dedos huecos de la herida.
Vuelve a nevar más fuerte, sigue nevando un día y
[otro día.
Así, hasta que la nieve entierra de golpe
los frutos azules y el rebaño de sombras.

Cesó la nieve en el pálpito antiguo de la plaza.
Muchas décadas antes el pueblo fue villa
y las pilastras del Concejo y la casa señorial,
por los soleados jardines de una extraña memoria,
repiten el eco de unas voces que murieron,
los rostros de parientes más jóvenes,
y el olor a pergamino de apolilladas escrituras
perdura aún en las balaustradas descoloridas por el sol
y en las tapias de los jazmines que mi cuerpo llora.

La casa antigua tiene una llave antigua.
Esa llave está hecha del corazón de los fresnos
y abre el misterio y el quejido de las puertas,
el silencio de los lustros amontonados en el zaguán.
Solo existe la llave,
la llave del poder que abre las puertas
donde gimen los fresnos
y el corazón estancado del aire.

Estériles, a través de una cerca, se extienden mis
[raíces.
Vienen de un valle de orígenes fecundos, por frondas y
[vados,
hasta llegar a un pueblo en ruinas,
construido sobre un cerro por hombres de una raza
[extinta.
Desde allí el viento empuja la suerte al país de la nada
y mis raíces se pierden por las áridas costas
donde, a pesar del tiempo, los niños persiguen todavía
la sombra o el cuerpo errante de la felicidad.

El aire ha vuelto sobre los terrones y los surcos
a una mañana de escarcha en que mi abuelo
labraba el campo de La Yegua
con una yunta uncida a una vaca bermeja
del color de la tierra en invierno.
Remota escena detrás de las nubes que se escapan,
bajo el cielo del país que no se mueve.
Y, apenas, el animal continúa dando unos cortos pasos
delante de nosotros... Mi abuelo descansa sentado
al borde de la pieza y mis recuerdos se esparcen en la
[tarde
hacia un extraño punto de la luz de oriente
donde la lluvia tiembla
y se ahoga el balido de la nostalgia entre los bosques
de acero. Ahora que, altiva, la primavera viene hasta mí
a devolverme aquello que el tiempo me robó
y las hojas tejen su galpón de sombras,
los hilos de una muralla invisible que avanza
para dejarme a solas con mis enigmas
en una hondonada del tiempo,
en las orillas de un reino perdido.

Abril, la nieve, el mar en las aulas.
Lejanías de sus cabellos sobre el oeste.
El mar, la nieve en abril y sus cabellos tristes.
Se fue marchando débilmente la gracia de los niños
y el dibujo ondulado de las bocas pintadas de las señoritas,
las dependientas, las costureras...
Y la nieve había llegado de improviso
a instalarse en mis manos
que ansiaban su vuelta, su regreso...
Yo pensaba en los amores fingidos, inventados,
en la nube detenida a mi paso
y en los cabellos tristes y enredados
de un tiempo que ya solo es ceniza.

Nada era como lo habíamos imaginado.
La nube en el vacío, vacante,
por los cables desatendidos de las pasiones,
los amores pagados,
la ternura a medio hacer aún,
y el deseo que apenas podía acertar el nombre del amor.
Sobre las líneas del tiempo y la distancia
el ayer se hizo sombra
y nosotros también,
esperando que el invierno nos hiciese olvidar,
destensando las líneas estrechas y afiladas,
mientras la tarde ascendía con sus grifos abiertos
por la pendiente no transitada del amor.

Amamos, nos aman,
dejamos de amar, dejamos de ser amados.
Así nuestras vidas extrañan la felicidad,
anhelan lo que no perdura.
Y cuando el pájaro de la miel y la fruta
nos roza con sus alas
ni siquiera nos damos cuenta de que ha pasado.
Seguimos con la vista su fulgor en el horizonte
hasta que rompen los últimos destellos…
Entonces se ensancha la herida que no duerme,
el tiempo hace hueco en la herida
y, hueco a hueco,
nos vamos muriendo.

La tarde bajo las ubres del cerezo,
el sol en las colinas del viento de las tardes.
Azul irradia el vuelo de la gacela o del ave.
Hacia otro lado miran los niños escondidos.
Ahora juegan a verse en secreto
por las dichas de una montaña azul o verde
y una colina los mira jugando
cuando el sol baja a acostarse cerca de sus almohadas.

Me recuerdas mi infancia, la nieve de un crepúsculo
invernal amenazante de estrellas, el porvenir lejano y
[sin cartera,
los toboganes queriéndose deslizar por la pendiente...
Y pienso en ti, en tus ojos de primavera a lo lejos,
en los renuevos de las hojas verdes cada año
y en la niebla dormida del tamarindo, gacela
eres de amor para mis ramas, flor de cálida estepa,
huizapol, espora que trae el viento...

Oeste carnívoro.
Las plumas del papagayo brillan azules
cuando los niños bajan.
Sifones colorados al norte del tránsito
de los mundos.
Aún son tus ojos como los viera...
Los viejos amantes destrozan sus cuerpos
contra la eternidad,
mientras las flores azules eran ya solo tiempo
para los dos,
como los tallos de las margaritas y los muchachos
peciolos amarillos de tu risa.
Aún fuera tu boca color de carmín, tu pelo
como la tarde que el aire lo empujó hasta aquí.

Triste perfume de araucarias.
Bodegón vacío sobre la rosa abierta.
Pájaros cigüeñas al borde del estuario.
Apenas intuyo el significado de las cosas.
Los ojos se dispersan azules
por geométricos contornos.
Vagan los montes por la brisa al encuentro
y no duelen los aromas prendidos de las flores.
Que no termine nunca este paseo.
Que no termine esta flor de lluvia,
cuerpo sin sangre que embiste la distancia.
Pájaros azules sobre olas perdidas
retienen aún sus manos locas.

Efímero, desaparece todo lo bello
alrededor del parque.
Los instantes amados
viajan en una sola nube
por el tránsito cegado de sus ojos.
Las calles son como sus ojos
en el parque. Letreros
que se olvidan y aceras
gastadas poseen su nombre.
Las calles sin gentes,
dormidas bajo las curvas
del sol, invitan
a recordar las pavesas azules
del parque.

Fluctúa el pasado en avenidas
sin nombre, calles que siguen ascendiendo
con la luz de la tarde
y hojas y flores en las tapias
de algunos atrios sobre la pendiente.
Se esconde la bruma de tus ojos
por callejones y el pasado me espía
como antes. El amor a hurtadillas,
y el presente se va abandonando
por las puertas sin voz,
por la brisa de tu pelo y mis manos
que acercan el instante
para dejarlo huir después
en los muros envejecidos,
hacia su extraño origen
por los mundos imaginarios, sin fechas,
que el tiempo construye en su olvido.

Escombros, ruinas de la tarde
en la llovizna del caserón abandonado.
Huyen tus ojos por húmedas cristaleras
a donde no llegan mis manos.
El amor daba a unas ventanas condenadas.

Oh mi vasta imperfección.
Es este que contemplo paraíso en ruinas
por donde vuela un cortejo de malvises apagados.
Qué vasta incertidumbre
de haber visto y no volver a ver.
Reposa mi mirada en el desengaño sin límite
de la belleza.
Efímero caudal de sombras,
maravillosos cuerpos que dejarán de serlo un día,
mientras afuera la ventisca sigue su lento curso
de imperfectas estaciones.

Me esperas como a viento o racimo
donde se agitan despiertos los neveros,
flor de acacia que consume mi tiempo,
sin saber cómo ni dónde te entregas.
Acaso seas tú aquella Penélope de los cuentos,
mientras yo viajo de noche hacia cimas lejanas
por donde aún mancha la nieve
de dulces secretos
los tristes corazones de la tarde,
que aguardan sin reino el cuerpo de las sombras.

Balconadas de ayer sobre los números cuatro.
Barbacanas azules encima del malecón
para enseñarle mi cuerpo al agua
y que tú lo mires
desde tus ojos oscuros que me siguen de noche
por rotondas y calles ignoradas,
trazadas en los planos no escritos del amor
y el deseo, que vive en las alturas.

Las yemas de tus dedos, Eloise,
son dulces gajos de amapola.
Están cayendo como lluvia en tu regazo.
Yo vengo de insondables bosques,
regiones de remotos sueños
que aún sigo acariciando.
Tú, en cambio, vienes de ayer,
del joven país de las orquídeas,
y tu otoño silba tan lejos
como mi pasado.
Vengo pisando el camino de las flores
por recodos infinitos a donde me llevan
tus ojos. Con mi mano en la tuya
regreso del lugar donde los montes
dan la vuelta.

La tierra se vuelve roja como los párpados
del sur. Fugaces caballos galopan
sus besos y las estrellas arriba, por encima
del sol, cuelgan de las literas de los hoteles,
mientras los trenes pasan, que nada poseen,
y sus gemidos se pierden hondos por los barrancos
desiertos de la noche.

PIÉLAGO

Ahora llevas la herida del viento
hundida entre las hojas secas,
bailando desnuda
mientras oyes,
nostálgica,
la triste voz de la trompeta
como un silbar remoto,
extraño,
en el amanecer.

A lo largo de una oscura memoria
revierten los paisajes del pasado.
La lejanía de las ciudades escapa
hacia el impulso de los trenes desposeídos.
Como si, de repente, los años vinieran
a preguntar mi nombre
enterrado con las últimas exequias,
bajo el musgo ceniciento de las tapias.

Cordilleras, pantanos, murallas.
Infinitamente lento como vadear
un río, peligrosos fangales,
remotísimas cuencas para morar bestias
añosas. Salvaje es el silencio en estas regiones
abandonadas al sol, profundidades
donde buscar estrellas para guiar la soledad.

La médula del peligro
atrayente. Vivir sobre el piso vacilante
de la última escollera;
centurias relucientes de galápagos
o el iceberg que marca los destinos.
Quizá morir no sea, después de todo,
sino ir más allá del aliento naciente
en las tórridas estrellas.
Tránsitos hacia el origen de la tierra
mueven los músculos.
El sol se destroza por cinco puntos cardinales
para desaparecer en las llamaradas vagas del suicidio.
Istmos, cordilleras o simas
hacia el inicio sin sucesión de las inhabitadas sombras.

Imperceptible, el tiempo se dilata en esta costa.
Cúspides, morros, barrancas, playones desecados a lo lejos.

Hacia el oeste los valles se acaban de pronto
y todo muere en los ojos: herbales
detrás de la desolación, cañadas, caminos
de vuelta a los esteros. Todo navega hacia el origen,
alcaravanes que cruzan las inmensas aguas
de estos bancos de luces derretidas.

Intentamos recuperar lo perdido a través del tiempo.
Intentamos retenerlo, tan a ciegas,
que no sabemos que hoy es mañana y que mañana
es ayer. Hay plumas de pájaros enormes
en las macetas, por los floreros, a lo ancho de todo.
Casi diría que respiran vanidad las manos.
Son flores y pétalos que abrasan los ojos
en cuanto expresión fugaz de la materia:
viento, bocanada de aire marchándose en los dedos.

Huellas del pasado en el aire de las habitaciones.
Manojos de espliego se acuestan bajo las astas
de los ciervos vencidos. El sol es más tibio
en esta hora de recuerdos e imágenes amontonadas.
Sobre un arcón, la ropa juvenil usada.
Nada se interpone entre las cosas y nosotros,
apenas una malla de silencio y desorden.
El pasado está también en las cómodas y en los espejos.

Llueve en el corazón de mis viejos mundos.
Llueve tierra adentro, pero no veo el paisaje.
Solo puedo adivinar sus sombras.
Las águilas hacen su nido en el dique,
pero el agua se lleva el nido y también al niño
lo empuja por la catarata hacia otros países
que solo existen en mi corazón.
Y los ríos y las calles son lo mismo,
avenidas de sombras por donde fermenta el agua
de los sueños.

Hay lugares solo habitados por el deseo,
ríos que crecen como espumas en selvas.
Oh, risa de los niños, ¿de dónde vienes?
Es un país que conozco al revés.
Tierra feliz y abandonada,
solo existes en la imaginación
o en mi júbilo por las frondas
de un valle encendido.
Oh, secretos parajes,
fuentes perdidas, hontanares,
cañadas veraniegas, robles largos…

Vasijas de barro para verter el aceite
de la memoria. Toma las cerezas de barro
y bebe el agua de los sueños y de la melancolía.
Aún queda amor en nosotros.
Aún se abre el corazón para los otros,
para reír con ellos y, si es preciso, ser triste con ellos.
También para reconfortarnos con su presencia.

La tierra negra, cimentada en hoyas
y barrancos podridos, anegados de olas,
ya no produce nada. Está por fin sola.
Nadie se acuerda, creciendo sobre la nada
fértil, más llena de tristeza que nunca tuvo.

Escarpaduras donde anida la muerte
y el rayo da cobijo a la sombra.
Los días que son solo días
y no pueden nombrar la eternidad.

El enigma de la belleza no trasciende.
Queda en nosotros
como en las compuertas de un río
o en la vegetación que crece hacia los astros para
[absorber la luz.
El tiempo continúa coexistiendo con la nada
en un escenario vago de ideación y deseo.
Solamente los tálamos permanecen
en las coronas de los árboles, en las alturas
de los oteros, donde los nidos viven su incontenible
[desesperación.

Surgen ante el espectador
imágenes de un mundo que se agota.
El sol incinera calcinados paisajes,
barcos que gravitan al fondo de la superficie.
La caña de la cebada está amarilla.
Inútiles palabras reverberan.
Nacen más allá de un edén donde manan las fuentes.
El ave solitaria y errante
vuela como una cometa que aún sujeta mis manos.
Se parece tanto a ti.
Pero en este lugar no hay nada. Ni siquiera el silencio
hiende la tarde. Aberturas, pozos hollados entre el
[corazón y la muerte
fundiéndose en abrasados espejos, en infinito
[cansancio…
Y un pájaro, desde la tierra parda, que se escapa.

ÍNDICE

Esta primera edición de *Estiaje* de Jesús Gaspar Alcubilla
terminó de imprimirse en Antequera (Málaga) el
5 de julio de 2025, fecha en la que se
conmemora el nacimiento de
Óscar Hahn.

PUBLISHERSFORPALESTINE.ORG